LE CHANT RENDU FACILE
À PREMIÈRE VUE SUR TOUTES LES CLEFS

MÉTHODE
ÉLÉMENTAIRE

POUR FORMER LA VOIX DES ENFANTS

SPÉCIALEMENT APPLIQUÉE AU CHANT ROMAIN

(ÉDITION DE REIMS ET DE CAMBRAI)

PAR LE FRÈRE ACHILLE DE LA MISÉRICORDE

INVENTEUR DU NOUVEAU SYSTÈME DE NOTATION

4ᵉ ÉDITION

PARIS
VICTOR SARLIT, LIBRAIRE-ÉDITEUR
19, rue de Tournon, 19
1875

LE PLAIN-CHANT RENDU FACILE

LECTURE A PREMIÈRE VUE SUR TOUTES LES CLEFS

MÉTHODE ÉLÉMENTAIRE

POUR FORMER LA VOIX DES ENFANTS

SPÉCIALEMENT APPLIQUÉE AU CHANT ROMAIN

(ÉDITION DE REIMS ET DE CAMBRAI)

PAR LE FRÈRE ACHILLE DE LA MISÉRICORDE

INVENTEUR DU NOUVEAU SYSTÈME DE NOTATION

4ᵉ ÉDITION

PARIS
VICTOR SARLIT, LIBRAIRE-ÉDITEUR
19, rue de Tournon, 19
1875

PROPRIÉTÉ

DE LA MÉTHODE ET DU NOUVEAU SYSTÈME DE NOTATION

Tous droits réservés

SAINT-MAIXENT, TYP. CH. REVERSÉ.

MÉTHODE ÉLÉMENTAIRE

Pour former la voix des enfants.

PRINCIPES GÉNÉRAUX DU PLAIN-CHANT

CARACTÈRES EMPLOYÉS DANS LA NOTATION

1° Les signes employés pour écrire le Plain-Chant, sont la *portée*, les *notes*, les *clefs*, les *barres*, le *guidon*, le *bémol*, le *bécarre* et le *dièse*.

2° La *portée* comprend quatre lignes que l'on peut augmenter de lignes supplémentaires, soit au-dessus ou au-dessous quand ces lignes ne suffisent pas.

EXEMPLE :

PORTÉE { 4me Ligne / 3me Ligne / 2me Ligne / 1re Ligne }

Ligne supplémentaire
Ligne supplémentaire

3° Il y a sept *notes* que l'on désigne par les syllabes :

DO, RÉ, MI, FA, SOL, LA, SI.

On les représente sous trois formes différentes :

La carrée,   la carrée à queue   et la losange

4° Les *clefs* sont à peu près inutiles avec notre système de notation ; cependant nous les conserverons afin de ne rien changer à la notation ordinaire du chant romain.

5° On appelle *barres* les lignes verticales qui se placent sur la portée ; il y en a de trois sortes : les petites barres, les grandes barres et les doubles barres.

EXEMPLE :

Petite barre,   grande barre,   double barre,

6° Les *petites barres* servent à marquer les endroits où l'on doit respirer ; les *grandes barres* ou *barres de repos*, à distinguer les différents membres d'une période de chant. Les *doubles barres* se mettent à la fin des pièces de chant. Elles servent à marquer les notes de l'intonation. On les emploie aussi pour séparer les diverses parties d'un morceau qui doit être chanté par plusieurs personnes alternativement.

7° Le *guidon* est une demi-note qui se place à la fin de chaque portée pour indiquer la note qui commence la portée suivante. Comme ce signe est peu utile avec notre système, nous ne l'emploierons pas.

SIGNES ACCIDENTELS

bémol,   bécarre,   dièse.

8° Le *bémol* est un signe qui baisse d'un demi-ton la note qu'il affecte. Le *bémol* placé à la clef est continu; il affecte toutes les notes de la ligne ou de l'interligne ou il se trouve; lorsqu'il est accidentel, il n'affecte que la note devant laquelle il est placé.

9° Le *bécarre* détruit l'effet du *bémol* et remet la note dans son ton naturel.

10° Le *dièse* hausse d'un demi-ton la note qu'il affecte ; son effet est également détruit par le *bécarre* ; il est aussi continu ou accidentel, selon qu'il est placé soit à la clef ou devant une note isolée.

11° On appelle *gamme* la série des sept notes du plain-chant, complétée par la répétition de la première.

GAMME NATURELLE

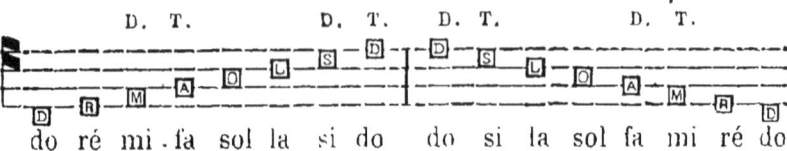

do ré mi fa sol la si do   do si la sol fa mi ré do

12° La différence de sons entre deux notes établit entre elles une relation que l'on nomme *intervalle*; or, une gamme comprenant huit sons renferme naturellement sept *intervalles*, dont cinq d'un *ton* et deux d'un *demi-ton*. La position des demi-tons est marquée, dans le *tableau des gammes*, par lettres D. T.

TABLEAU DES INTERVALLES

| Seconde | Tierce | Quarte | Quinte | Sixte | Octave |

RÈGLES POUR BIEN EXÉCUTER LE CHANT

1° Vous éviterez de respirer entre deux barres, surtout dans les neumes, c'est-à-dire ces suites de notes partagées en phrases; vous respirerez aux petites barres et vous ferez un repos plus marqué aux grandes.

2° Donnez à chaque note sa valeur; coulez doucement les notes carrées; faites sentir les doubles notes; accentuez les notes à queues et coulez les brèves.

3° Evitez les coups de gosier qui martellent chaque note et rendent le chant insupportable.

4° Enfin, exécutez par un *crescendo*, les progressions des notes ascendantes, et, par un *diminuendo*, les suites de notes descendantes.

UNISSON, SOLFIEZ ET VOCALISEZ

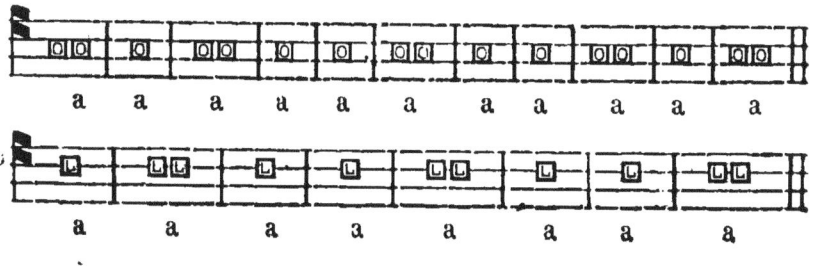

TABLEAU DES GAMMES

La lettre initiale intercalée indique le nom de chaque note.
Les lettres D. T. indiquent la position DES DEMI-TONS.

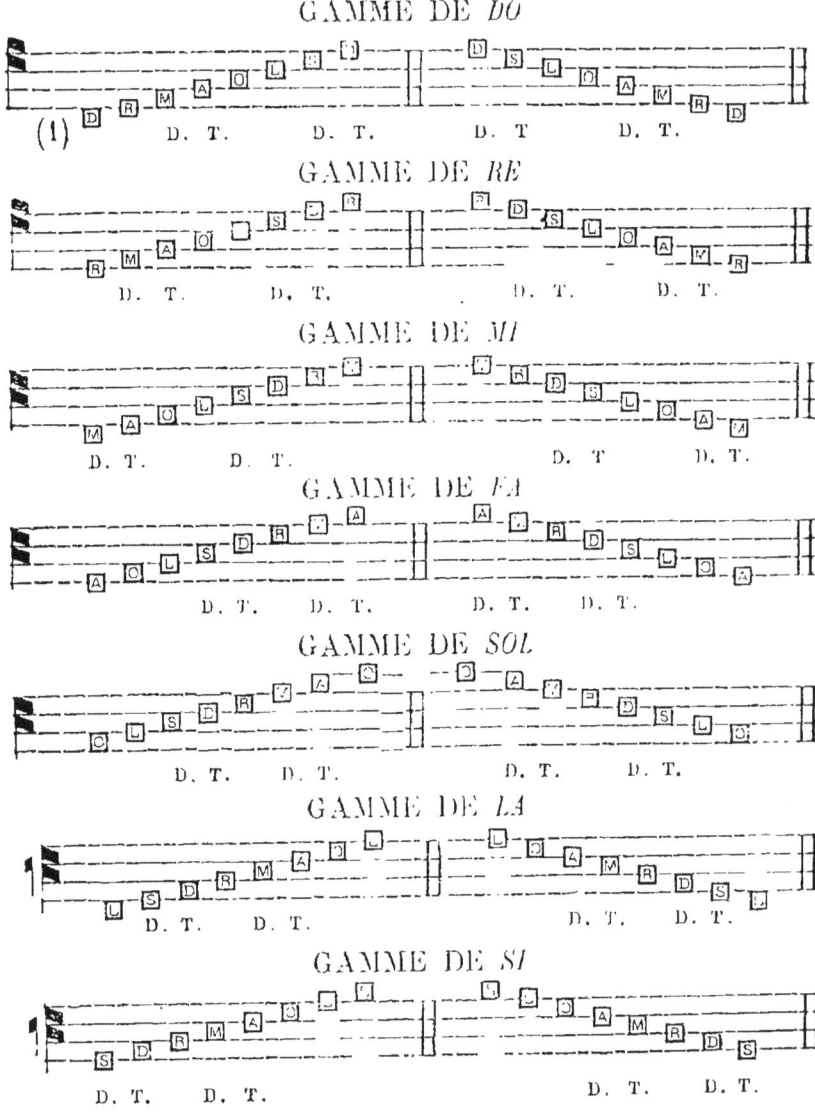

(1) Solfiez en prenant sur le même ton la 1re note de toutes ces gammes.

Exercices sur les intervalles.

I. INTERVALLES DE SECONDE (Clef de *FA*)

Seconde mineure ou 1/2 ton : De *mi* à *fa*, de *si* à *do*.
Toutes les autres secondes sont majeures (tons pleins).

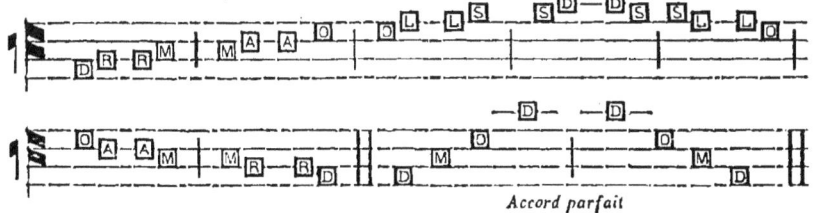

Accord parfait

II. — INTERVALLES DE SECONDE (Clef de *DO* 3e ligne)

Tierce mineure, un ton 1/2. — Tierce majeure, 2 tons,
(Distinguer chaque intervalle *mineur* ou *majeur*).

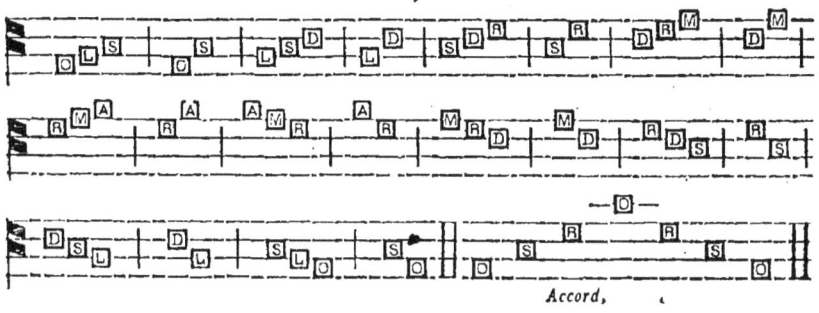

Accord,

III. — INTERVALLES DE QUARTE (Clef de *DO* 4e ligne)

Quarte *mineure*, 2 tons 1/2. — Quarte *majeure*, 3 tons pleins.
La seule quarte majeure ci-dessous est *SI FA*.

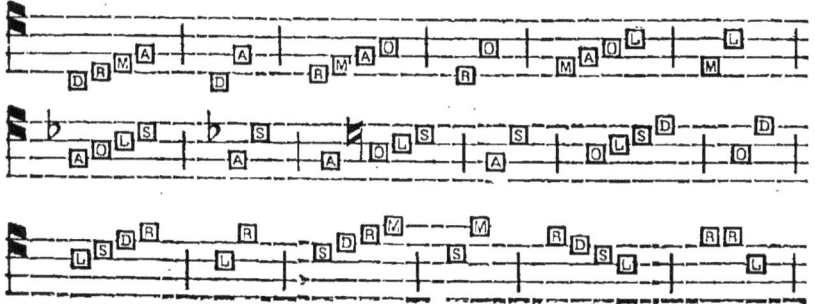

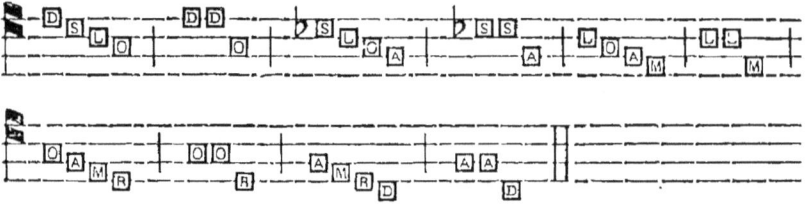

IV. — INTERVALLES DE QUINTE.

Quinte, 3 tons 1/2.

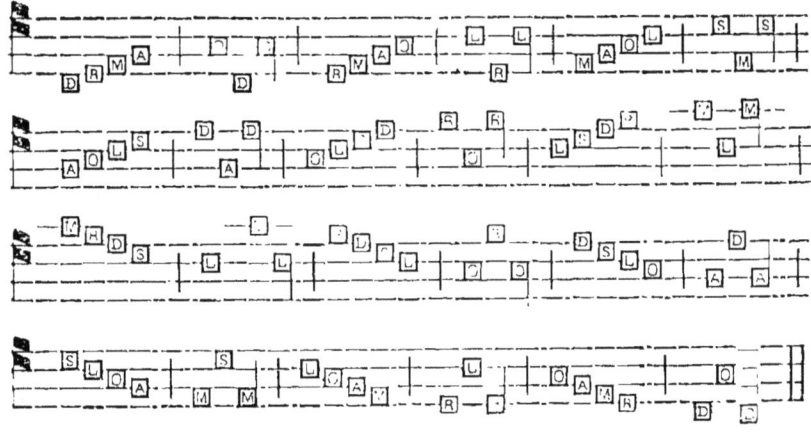

V. — INTERVALLES DE SIXIÈME.

Sixième mineure, 4 tons. — Sixième majeure, 4 tons 1/2.

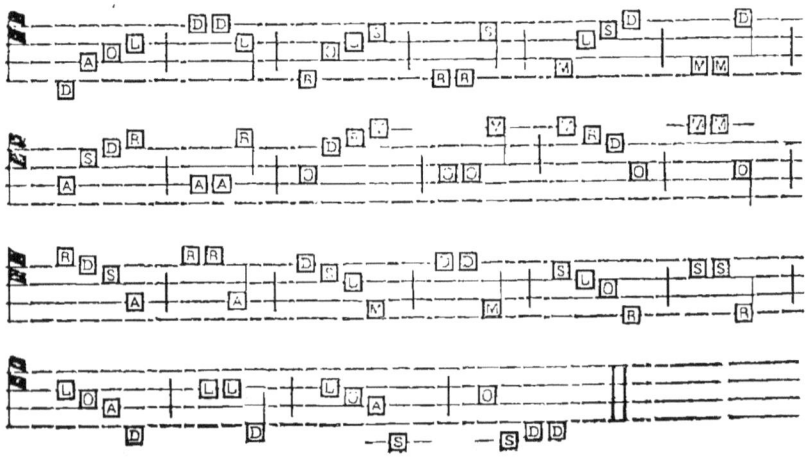

VI. — INTERVALLES DE SEPTIÈME.

Septième mineure, 5 tons. — Septième majeure, 5 tons 1/2.

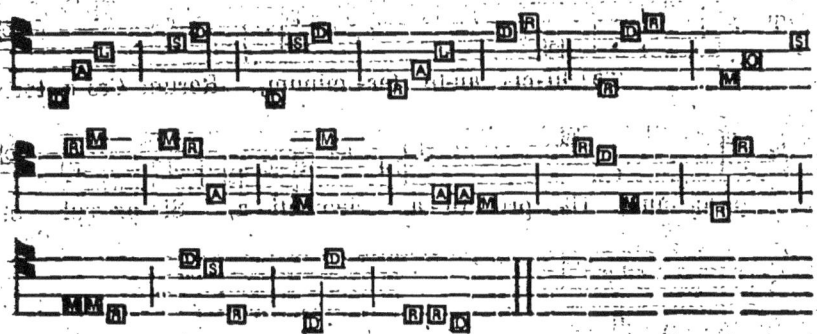

Répéter plusieurs fois chacun, ces deux exercices un peu difficiles.

On peut, après les intervalles de *quinte*, appliquer les notes aux paroles.

APPLICATION DES NOTES AUX PAROLES

TE LUCIS

Les Dimanches de l'année.

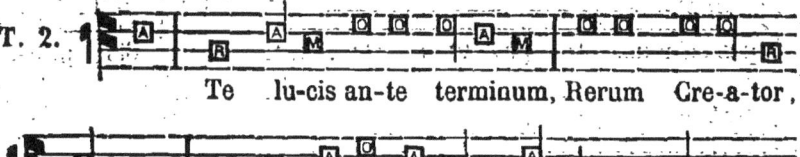

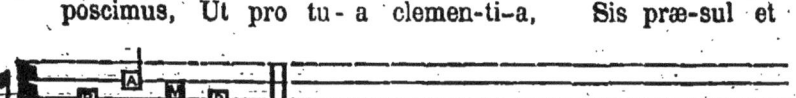

Procul recedant somnia,
Et noctium phantasmata;
Hostemque nostrum comprime,
Ne polluantur corpora.

Præsta, Pater piissime,
Patrique compar Unice.
Cum Spiritu Paraclito,
Regnans per omne seculum. Amen

— 10 —

Pendant l'Avent.

Dominante.

T. 7.

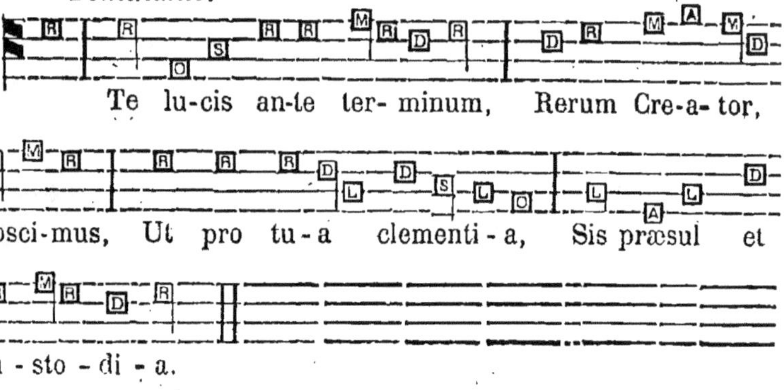

Te lu-cis an-te ter-minum, Rerum Cre-a-tor, posci-mus, Ut pro tu-a clementi-a, Sis præsul et cu-sto-di-a.

Pendant le Carême.

Nota. — Pour ramener le plain-chant à ses trois clefs naturelles, nous n'employons pas la clef de FA sur la 2ᵉ ligne.

Dominante.

T. 8.

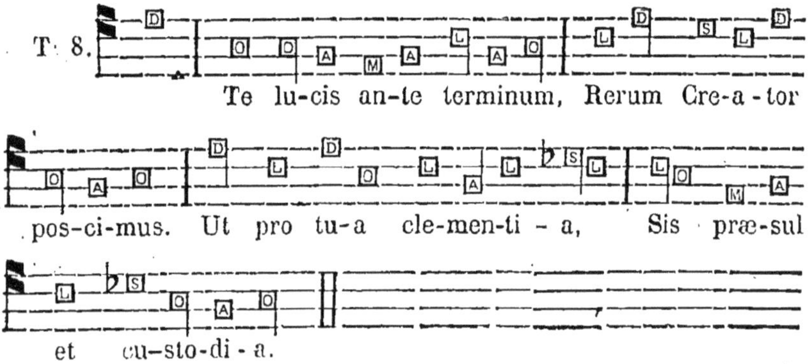

Te lu-cis an-te terminum, Rerum Cre-a-tor pos-ci-mus. Ut pro tu-a cle-men-ti-a, Sis præ-sul et cu-sto-di-a.

Dominante.

T. 2.

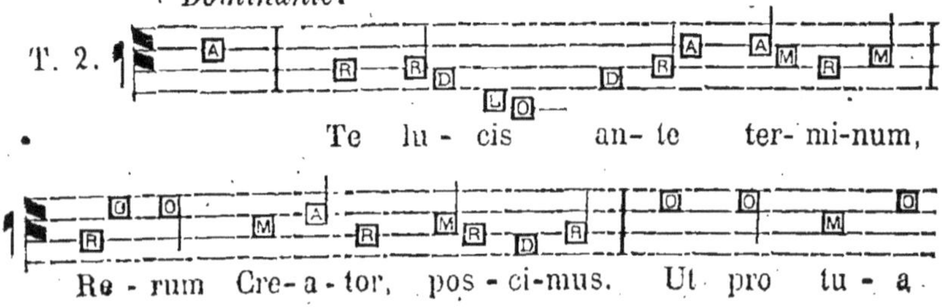

Te lu-cis an-te ter-mi-num, Re-rum Cre-a-tor, pos-ci-mus. Ut pro tu-a

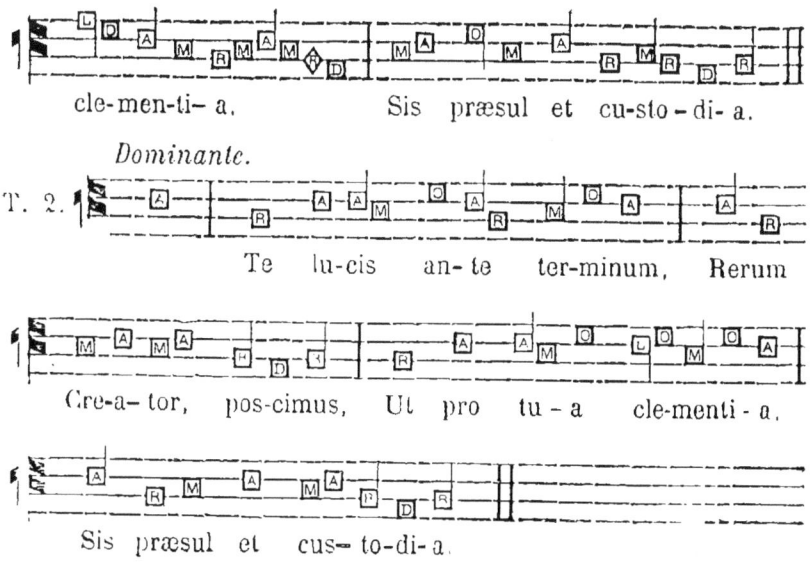

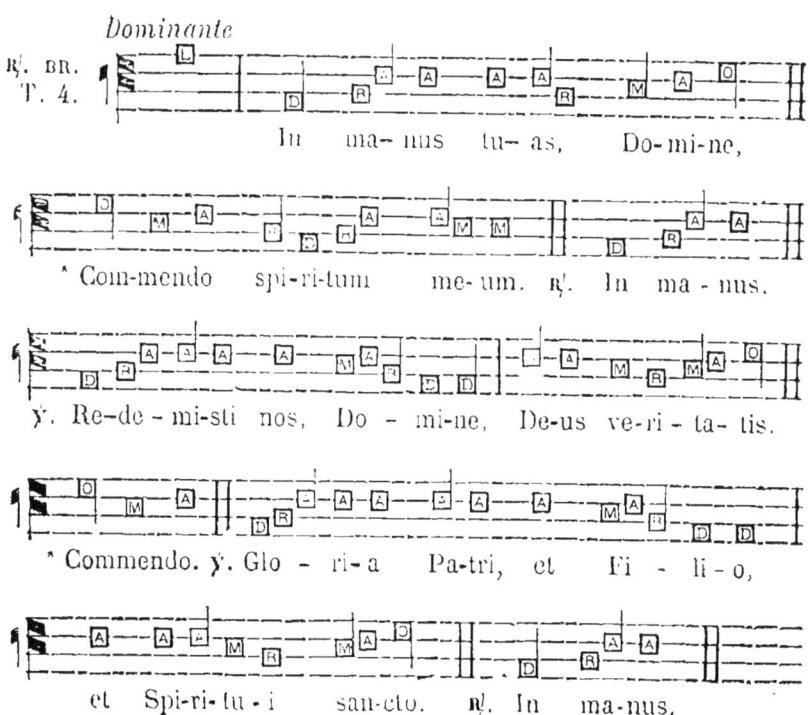

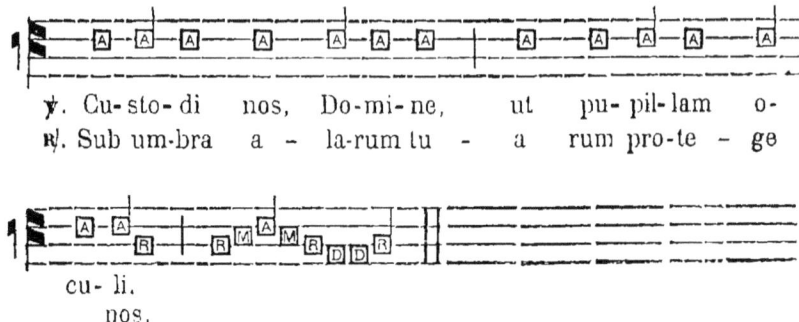

AUTRE CHANT (1)

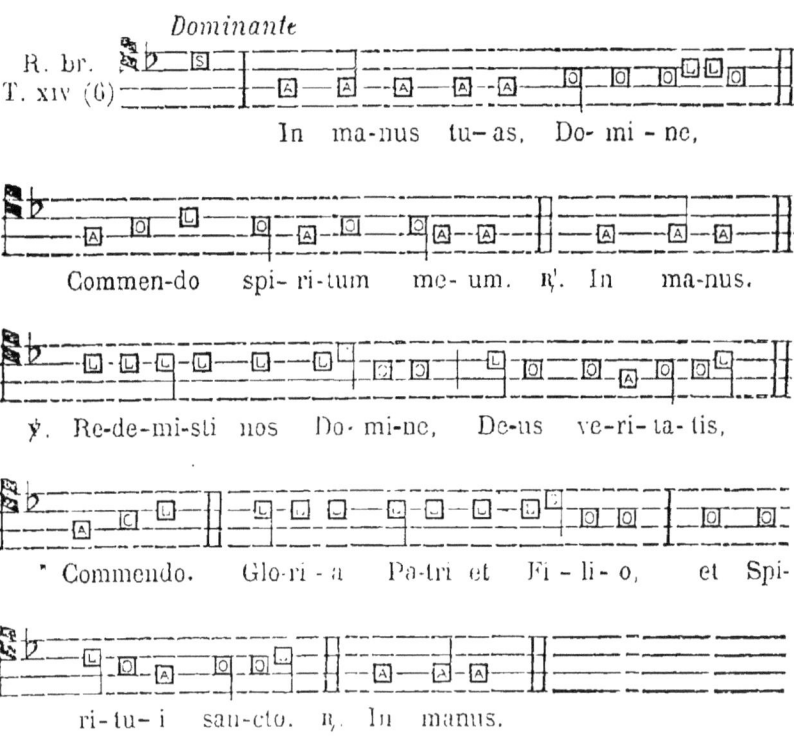

(1) Nous remplaçons la clef de *DO* seconde ligne par la clef naturelle; en employant le *SI bémol*, le chant n'en souffre aucune altération, et c'est plus simple que de multiplier les clefs.

— 13 —

Au temps pascal (1).

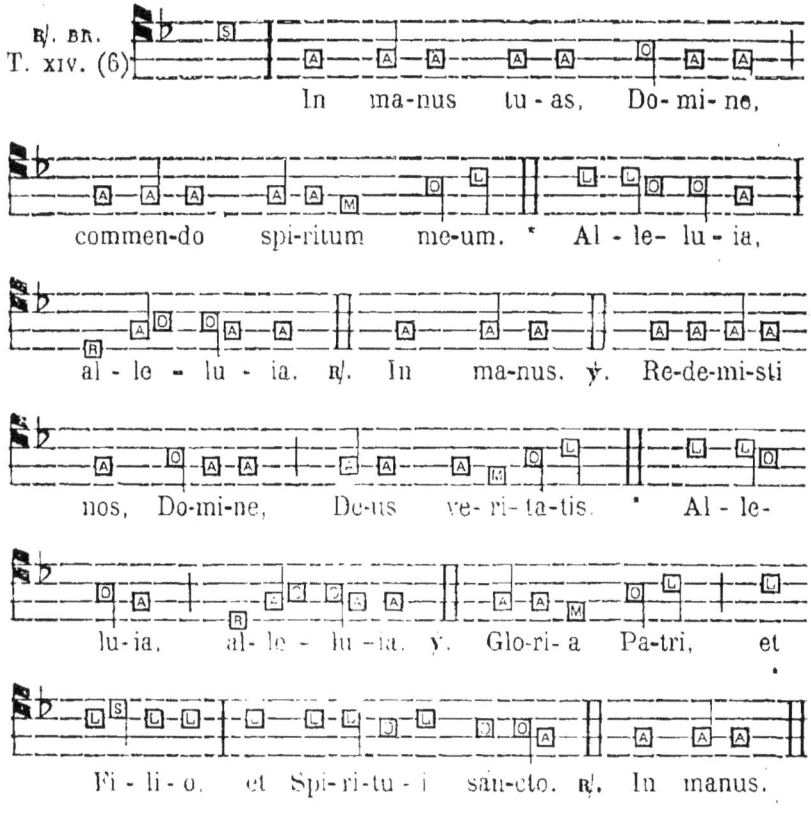

STABAT

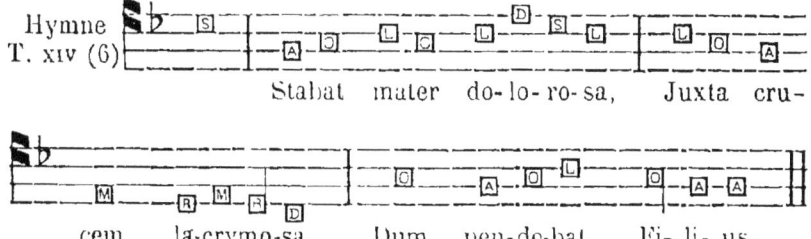

(1) Même remarque.

ANTIENNES A LA SAINTE VIERGE.

ALMA

De l'Avent à la Purification

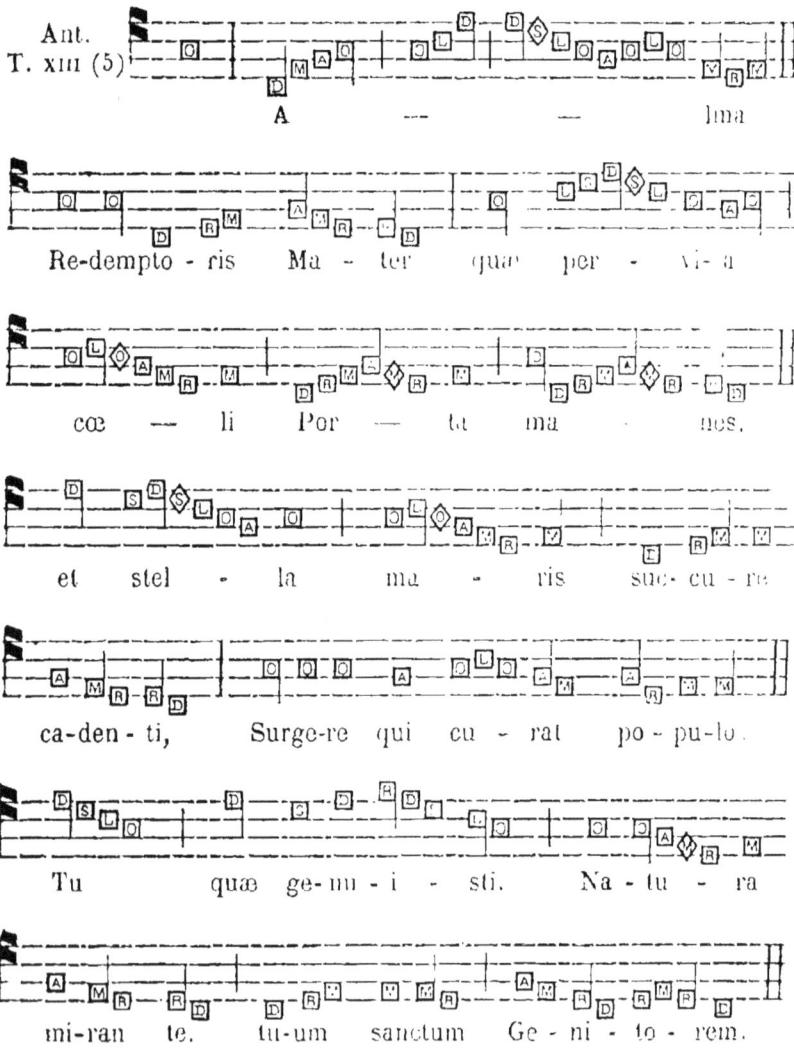

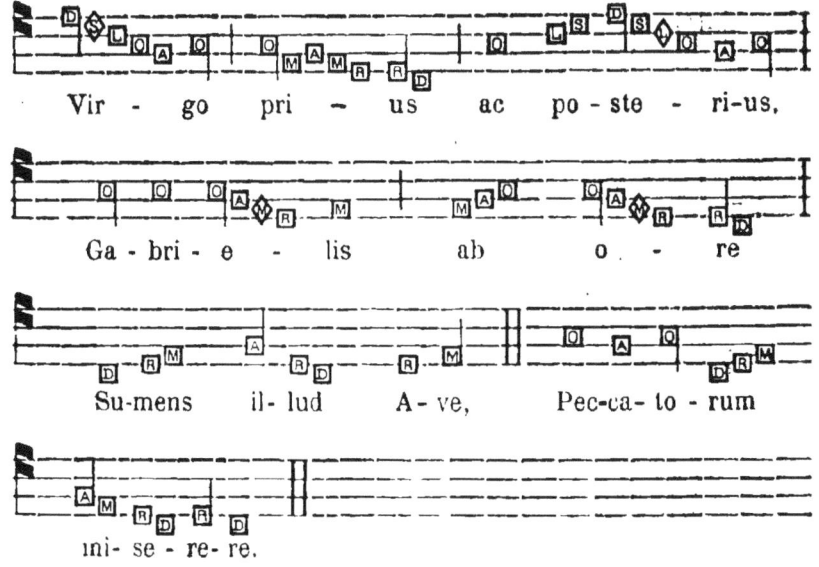

AVE REGINA

Du 2 février au Jeudi-Saint.

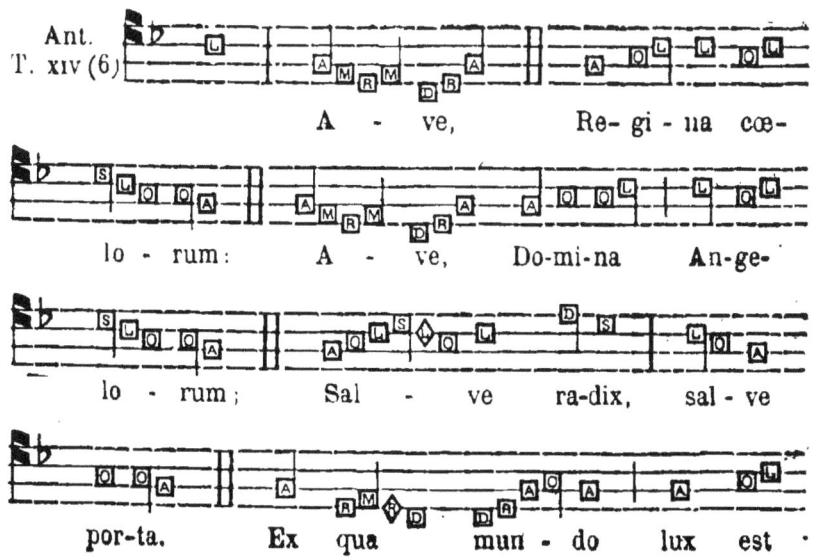

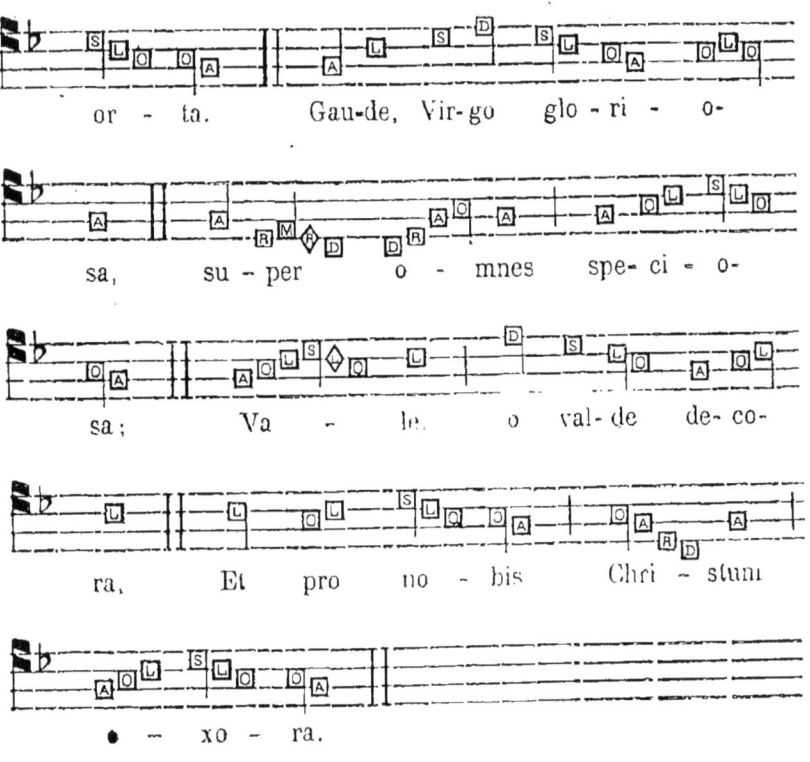

REGINA CŒLI

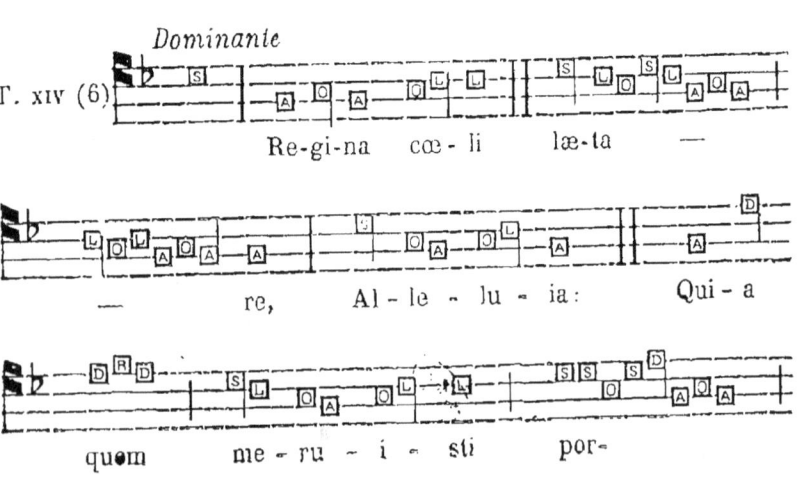

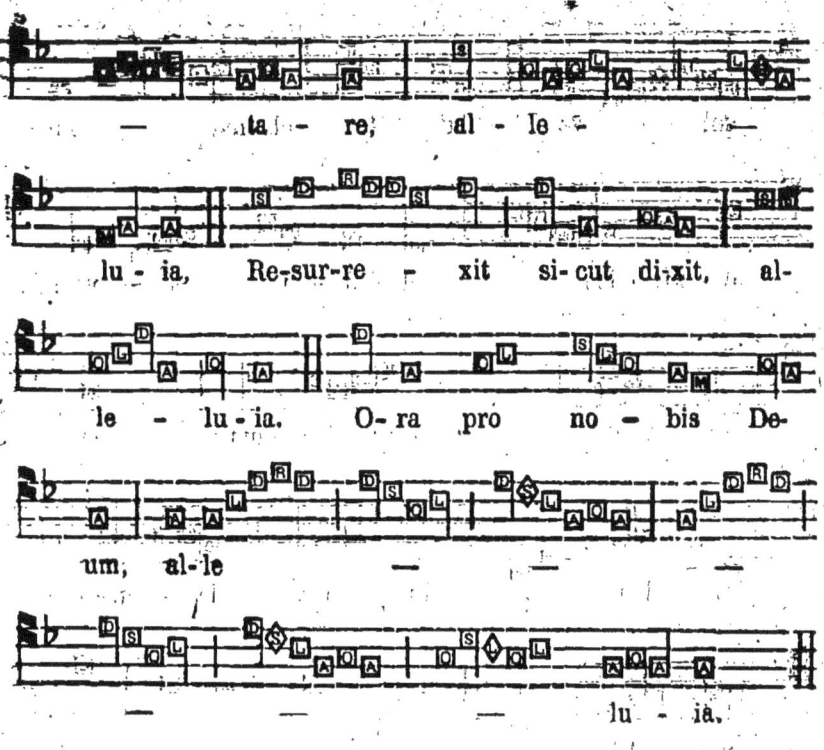

SALVE REGINA

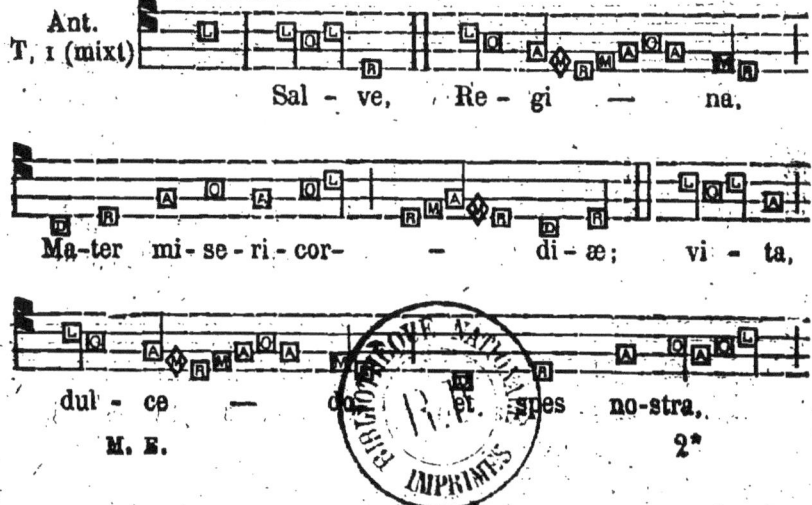

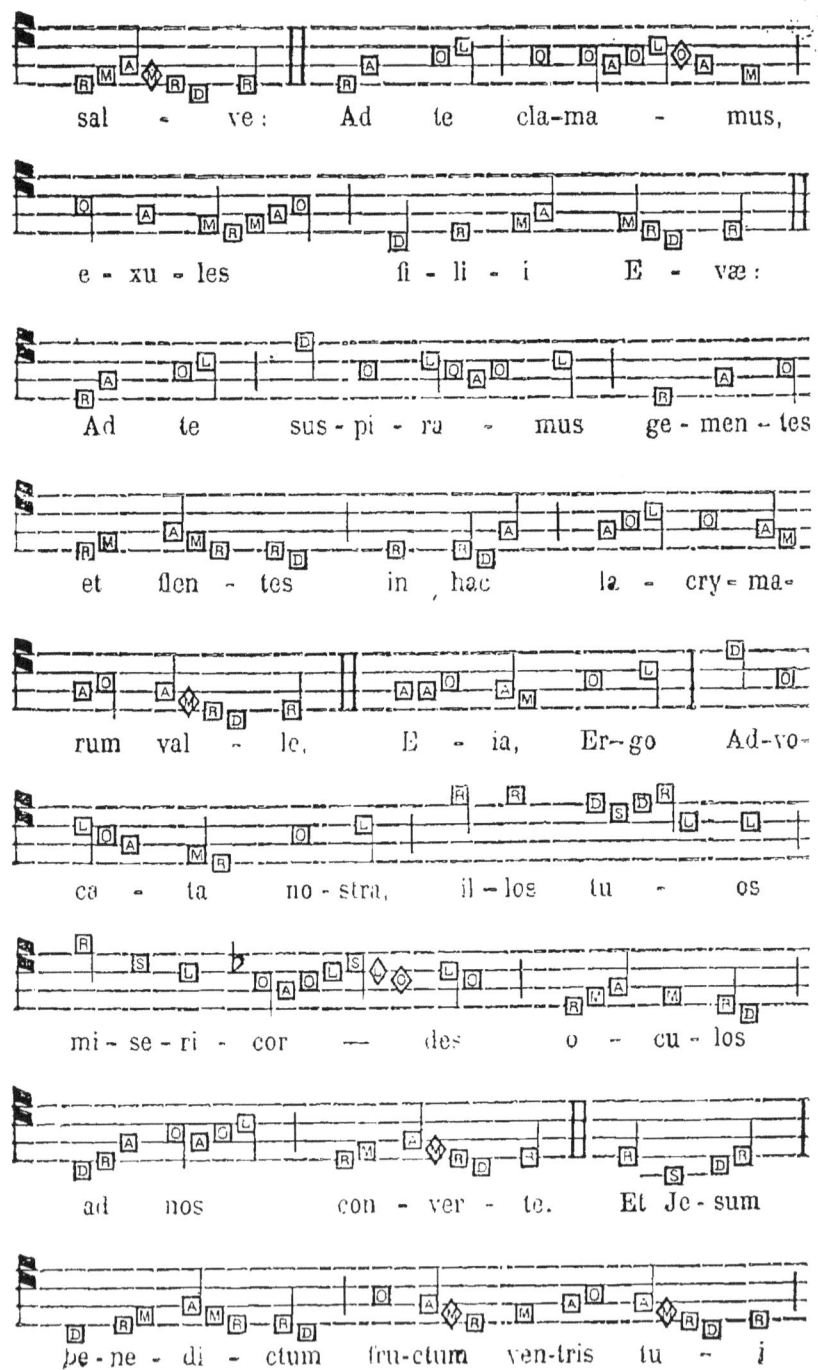

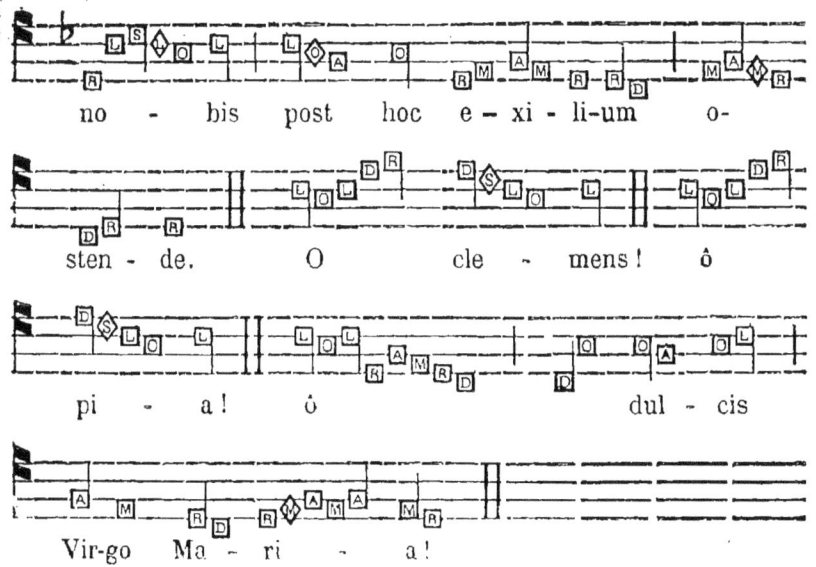

CREATOR ALME

Pendant l'Avent

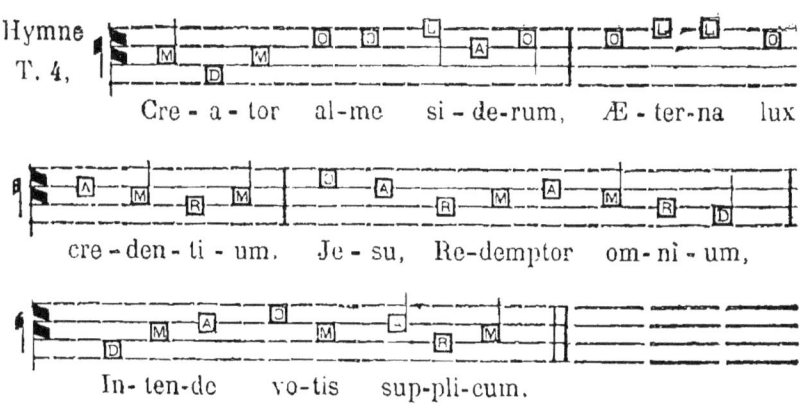

ASPERSION DE L'EAU BÉNITE

Pendant l'année

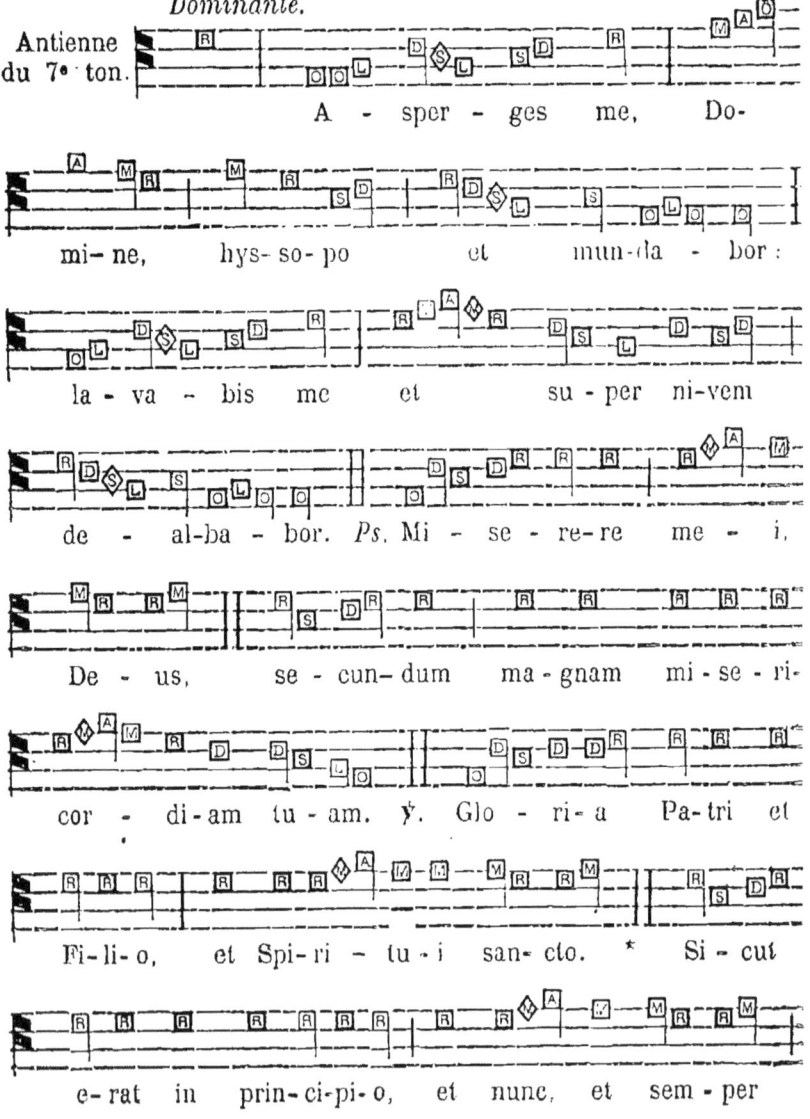

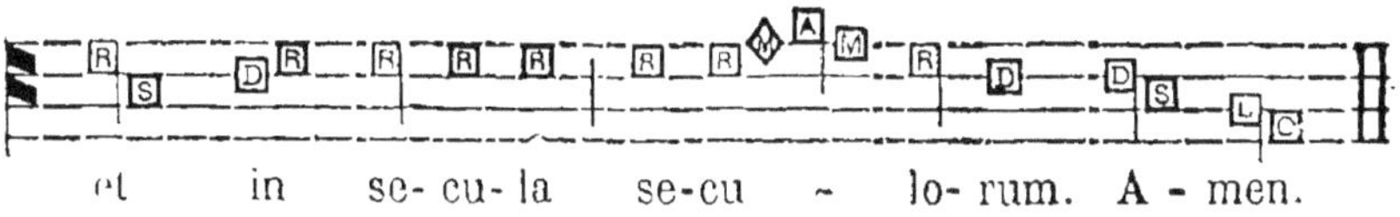
et in se-cu-la se-cu - lo-rum. A - men.

On répète l'*Asperges.* — Au temps de la Passion, on omet le *Gloria Patri.*

Au Temps Pascal

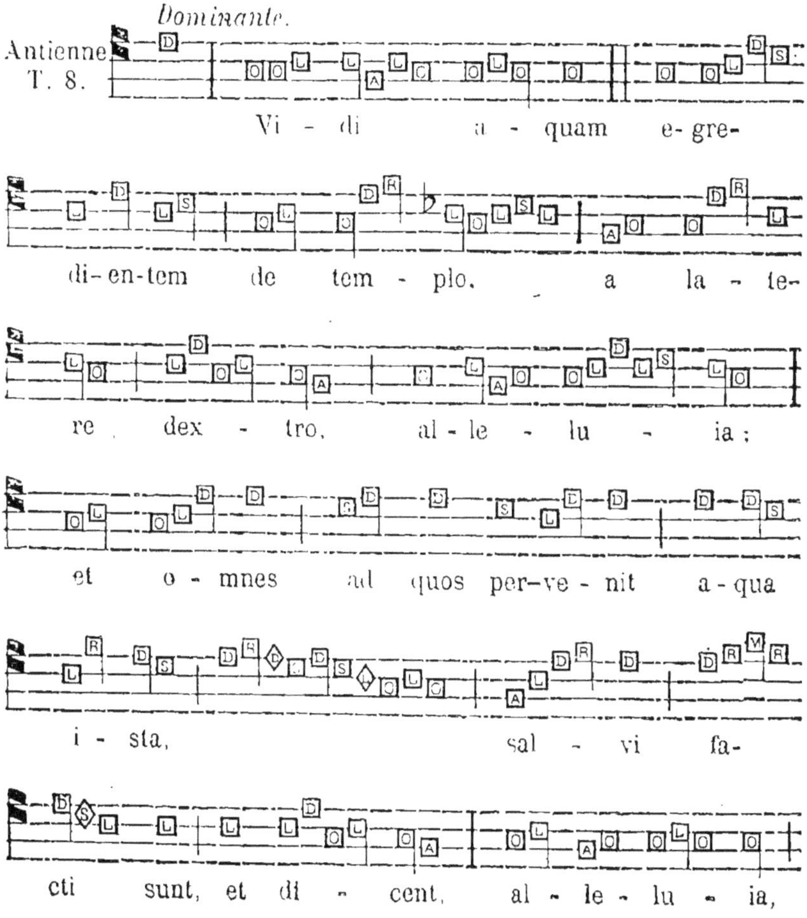
Dominante.
Antienne T. 8.
Vi - di a - quam e-gre-
di-en-tem de tem - plo, a la - te-
re dex - tro, al - le - lu - ia ;
et o - mnes ad quos per-ve - nit a-qua
i - sta, sal - vi fa-
cti sunt, et di - cent, al - le - lu - ia,

al - le — lu - ia. *Ps.* Con - fi - te - mi - ni Do-mi-no quo - ni - am bo - nus. * Quo - ni - am in se - cu - lum mi - se - ri - cor - di - a e - jus.

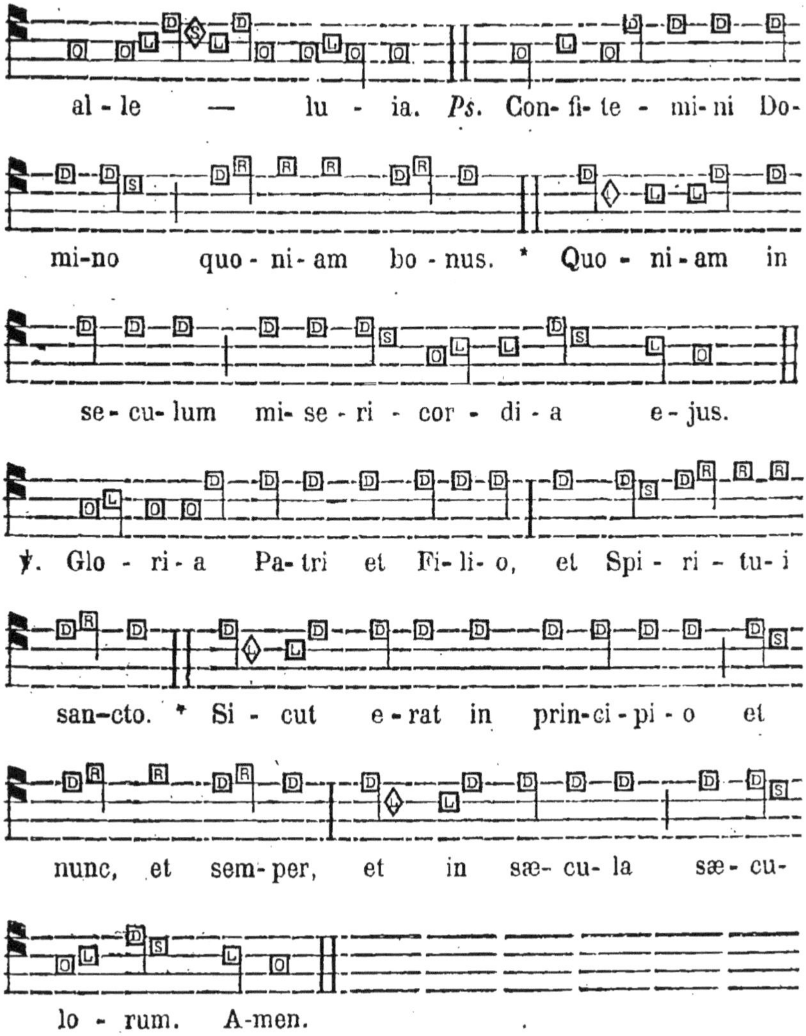

℣. Glo - ri - a Pa - tri et Fi - li - o, et Spi - ri - tu - i san-cto. * Si - cut e - rat in prin - ci - pi - o et nunc, et sem - per, et in sæ - cu - la sæ - cu - lo - rum. A - men.

On répète *Vidi aquam.*

CHANT DE L'ORDINAIRE DE LA MESSE

Aux Fêtes doubles et solennelles

KYRIE

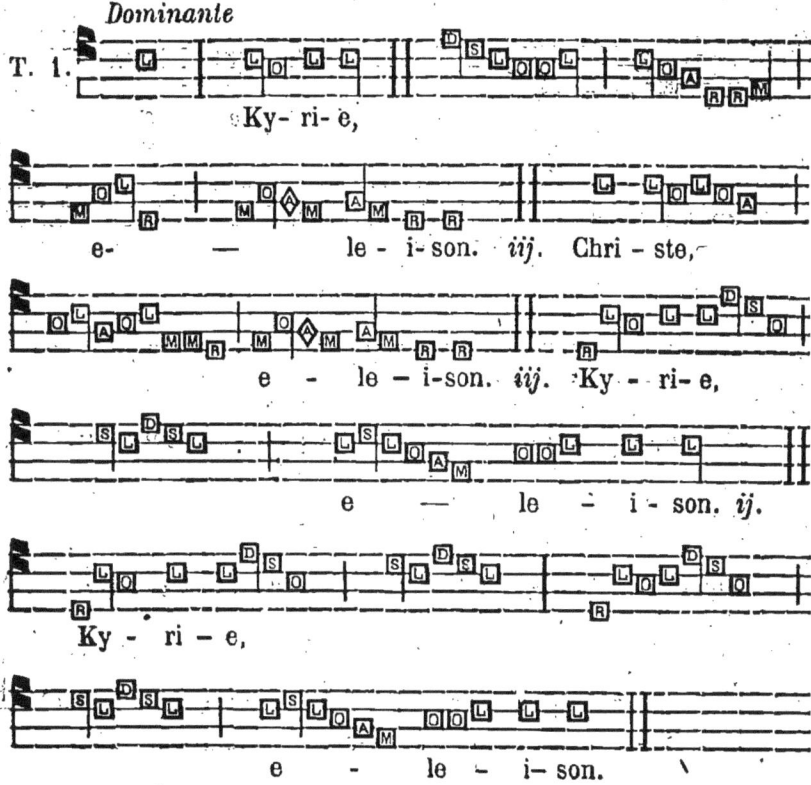

GLORIA.

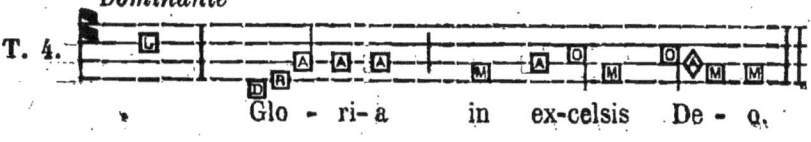

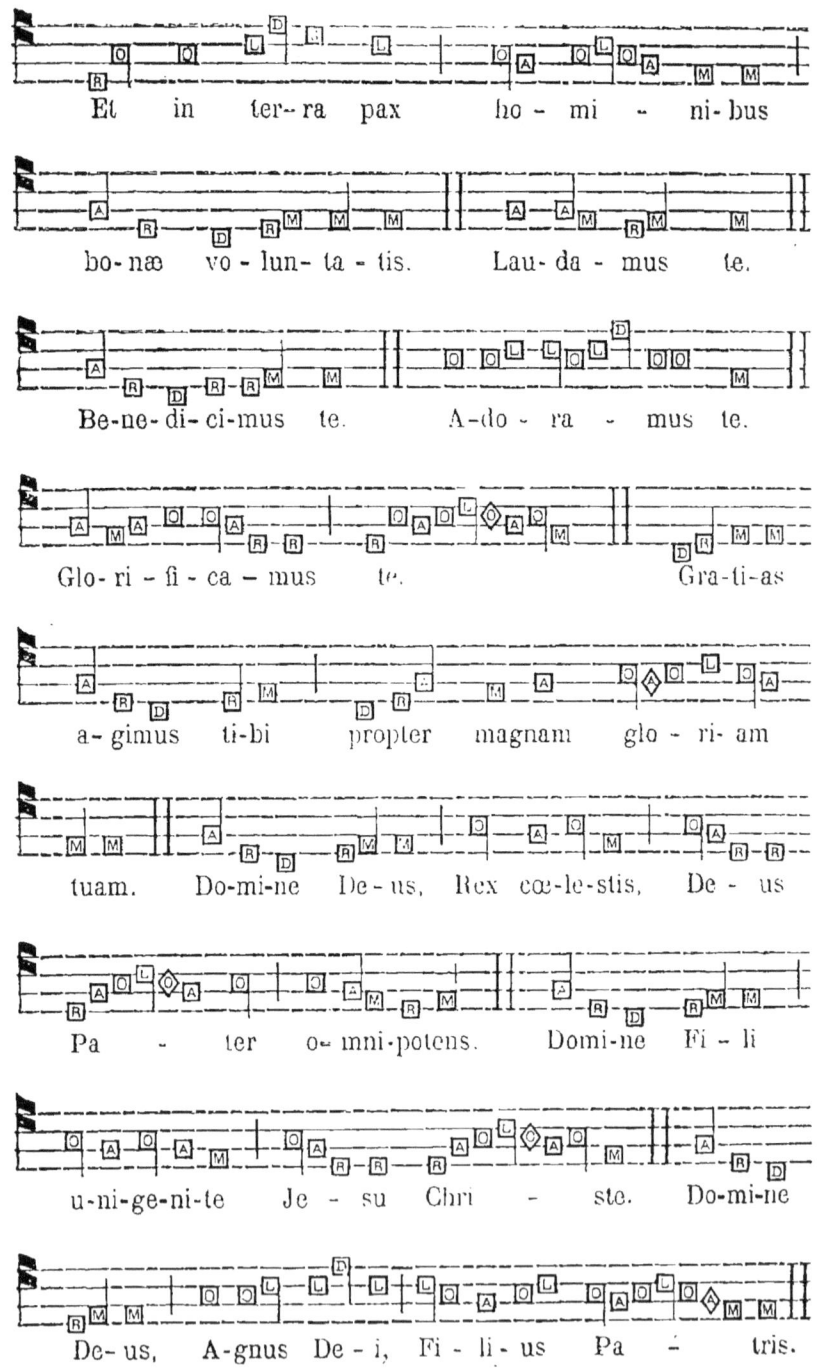

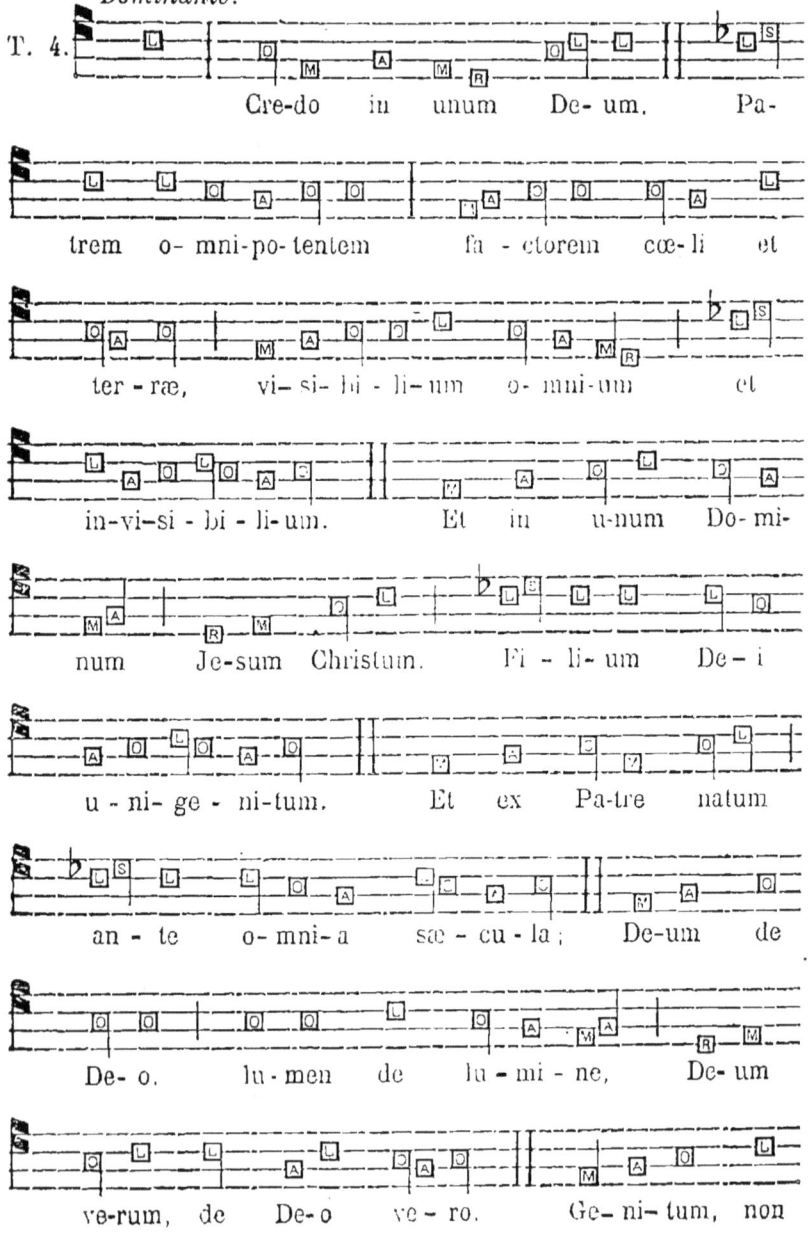

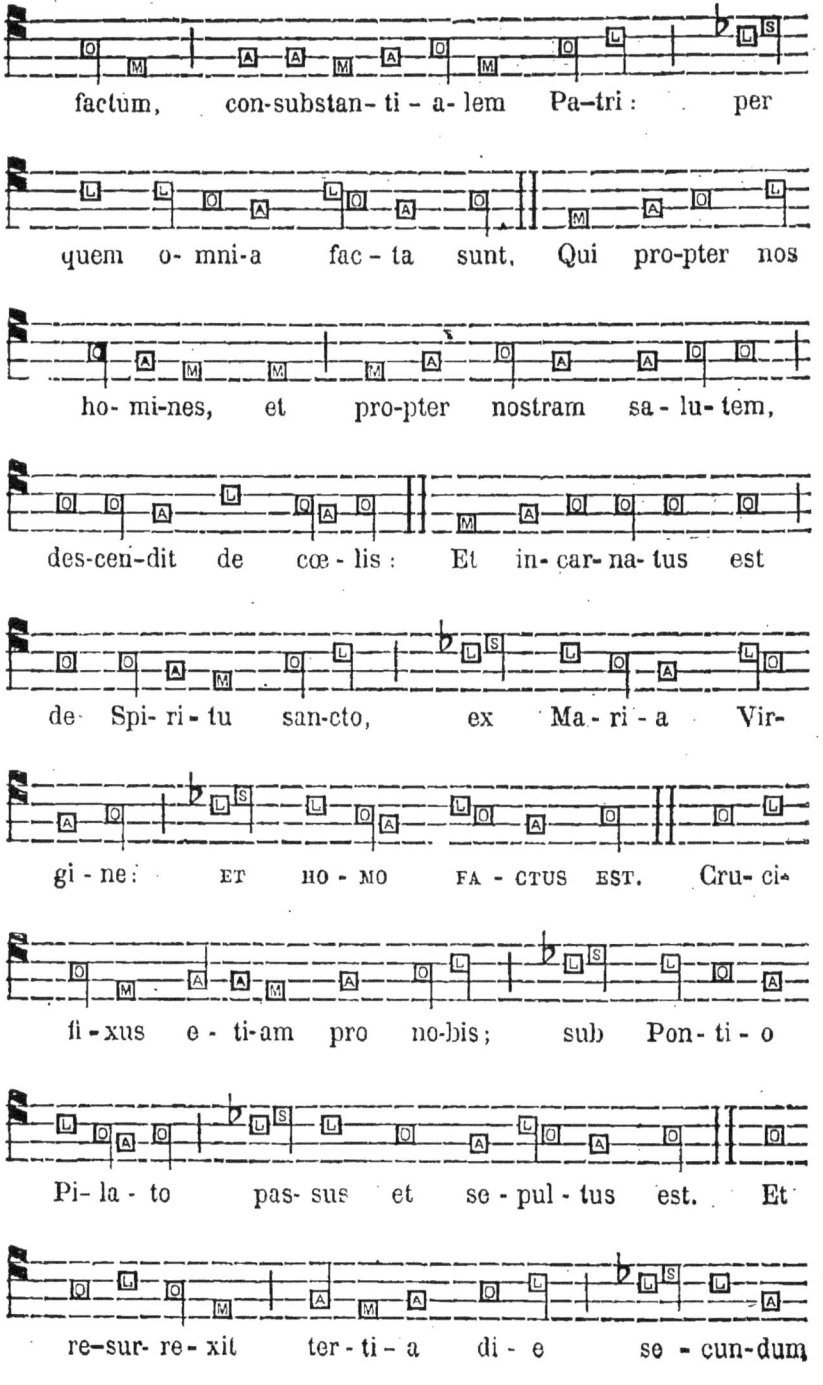

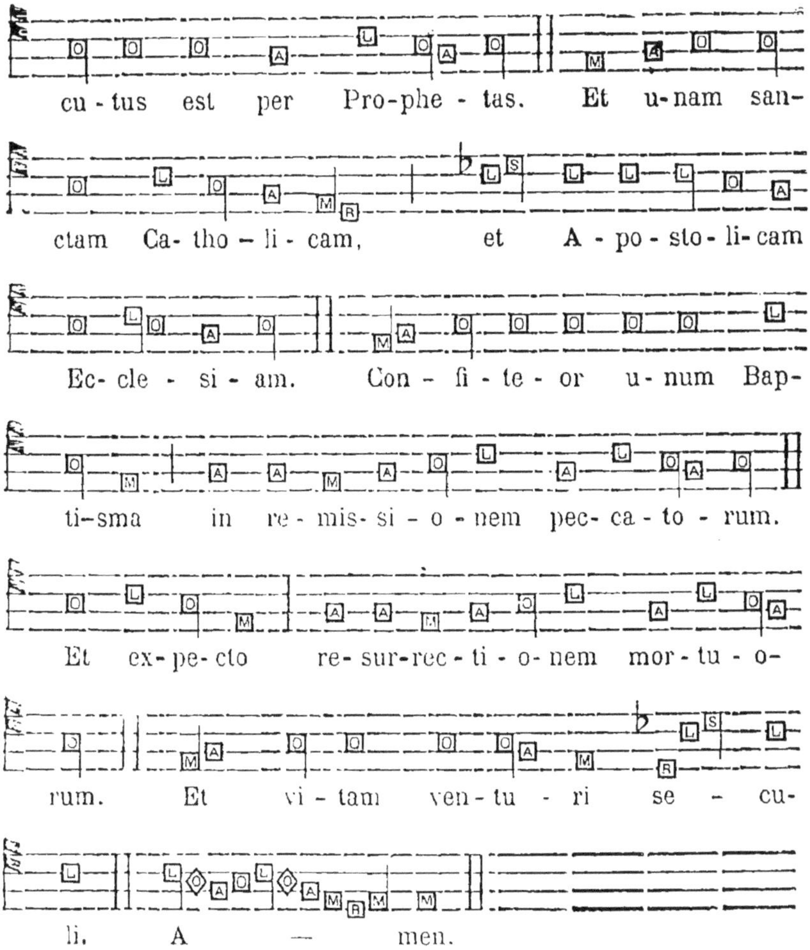

cu-tus est per Pro-phe-tas. Et u-nam san-

ctam Ca-tho-li-cam, et A-po-sto-li-cam

Ec-cle-si-am. Con-fi-te-or u-num Bap-

ti-sma in re-mis-si-o-nem pec-ca-to-rum.

Et ex-pe-cto re-sur-rec-ti-o-nem mor-tu-o-

rum. Et vi-tam ven-tu-ri se - cu-

li, A — men.

SANCTUS

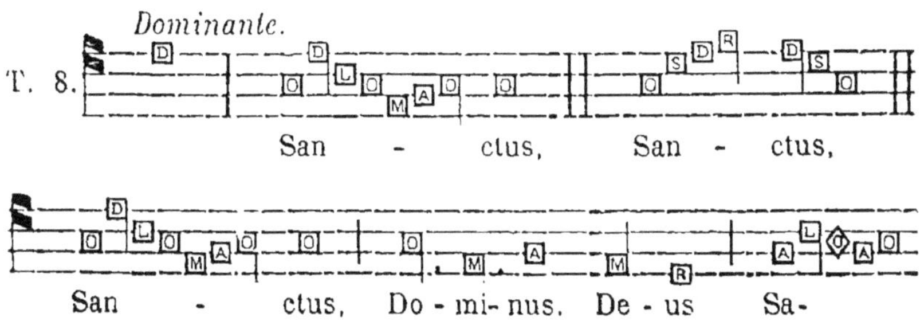

T. 8. *Dominante.*

San - ctus, San - ctus,

San - ctus, Do-mi-nus, De-us Sa-

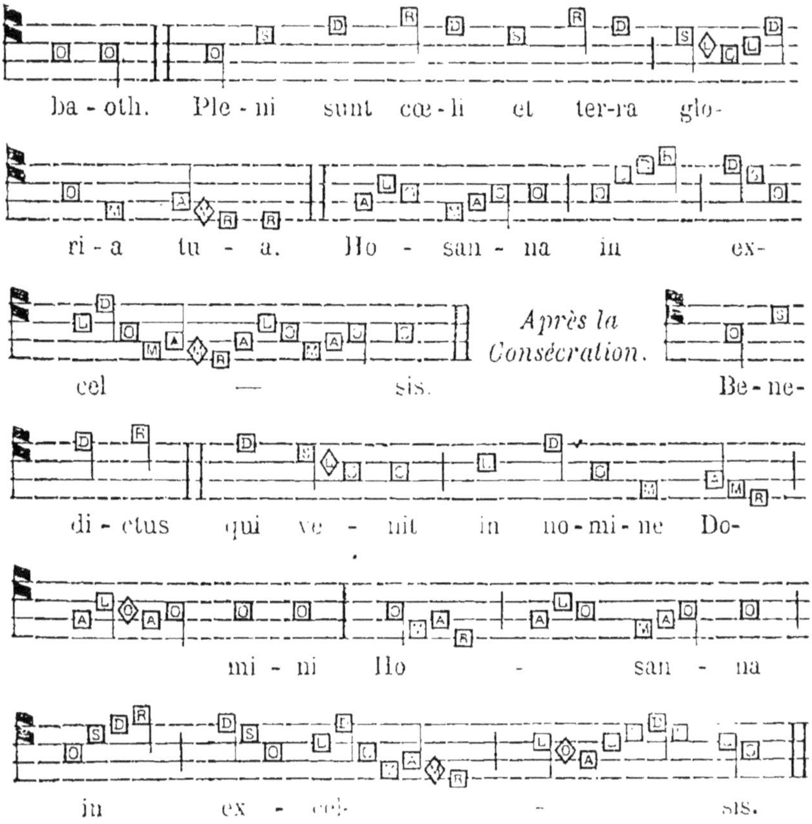

— 30 —

ba-oth. Pleni sunt cœli et terra gloria tua. Hosanna in excelsis.

Après la Consécration.

Benedictus qui venit in nomine Domini. Hosanna in excelsis.

AGNUS

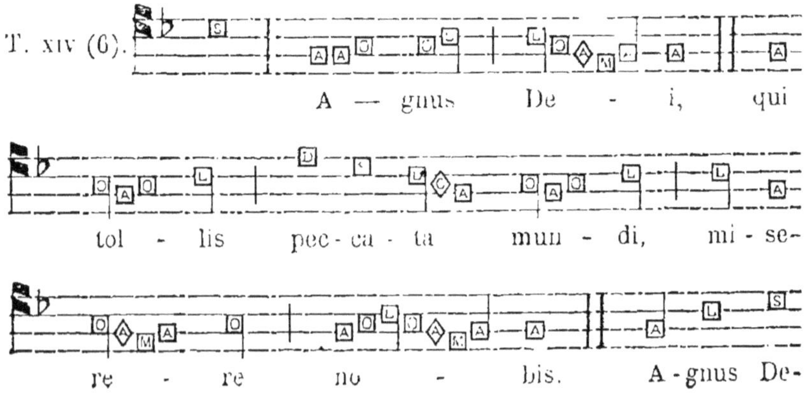

T. xiv (6). Agnus Dei, qui tollis peccata mundi, miserere nobis. Agnus De-

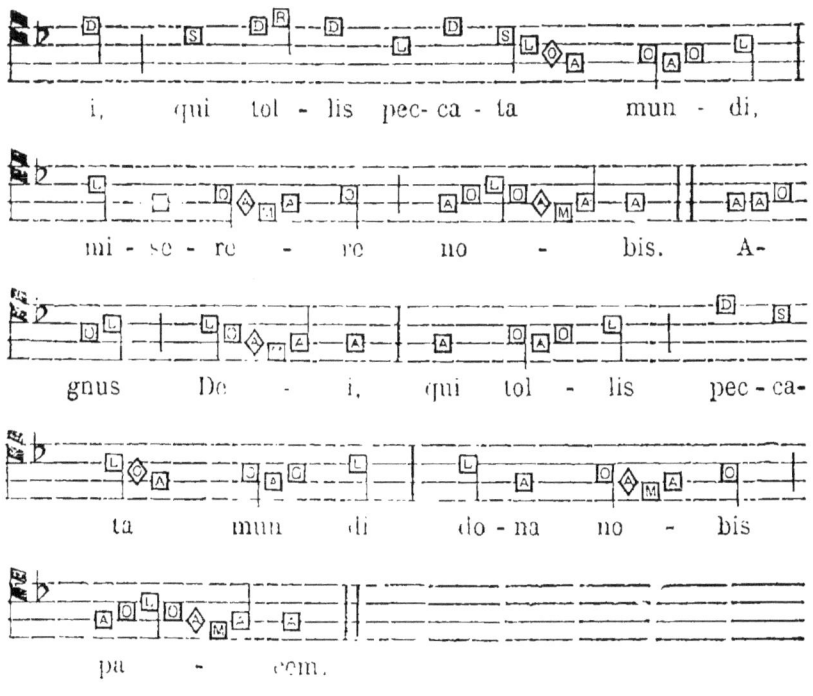

O SALUTARIS

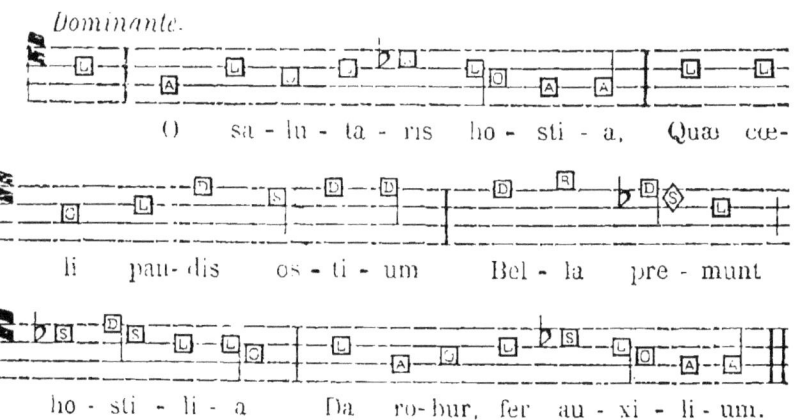

TONS DES PSAUMES

POUR LES FÊTES DOUBLES ET SEMI-DOUBLES

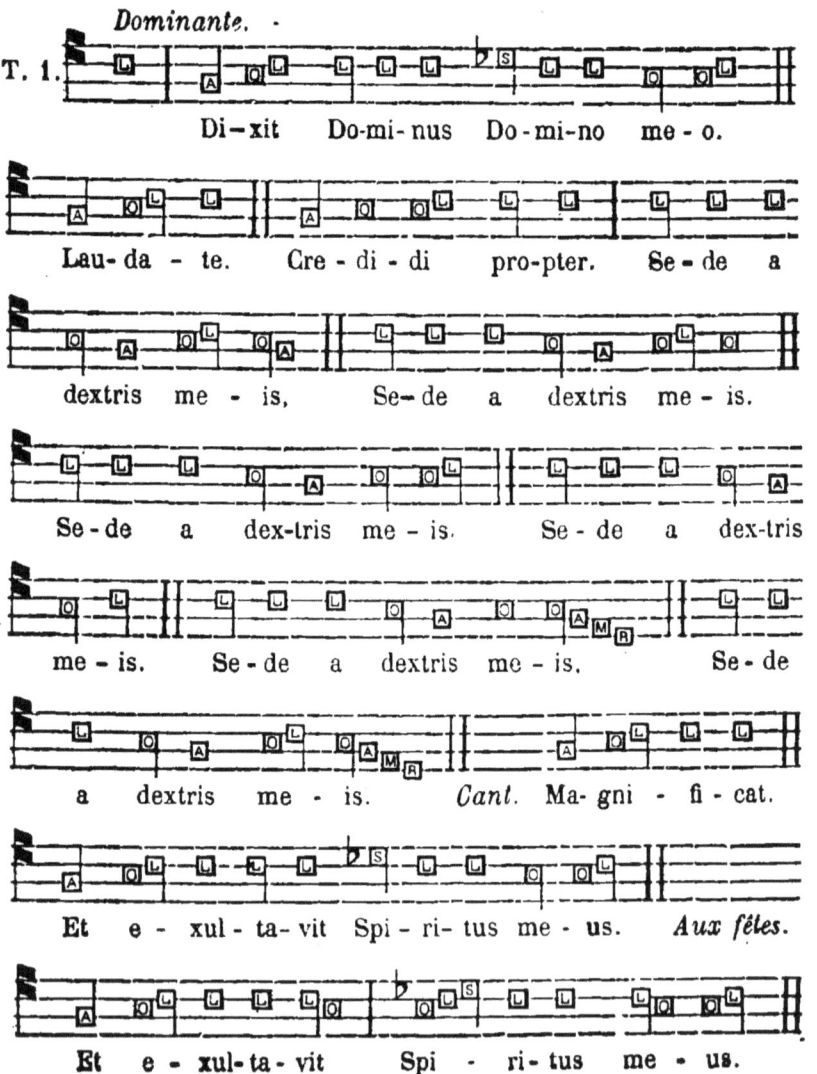

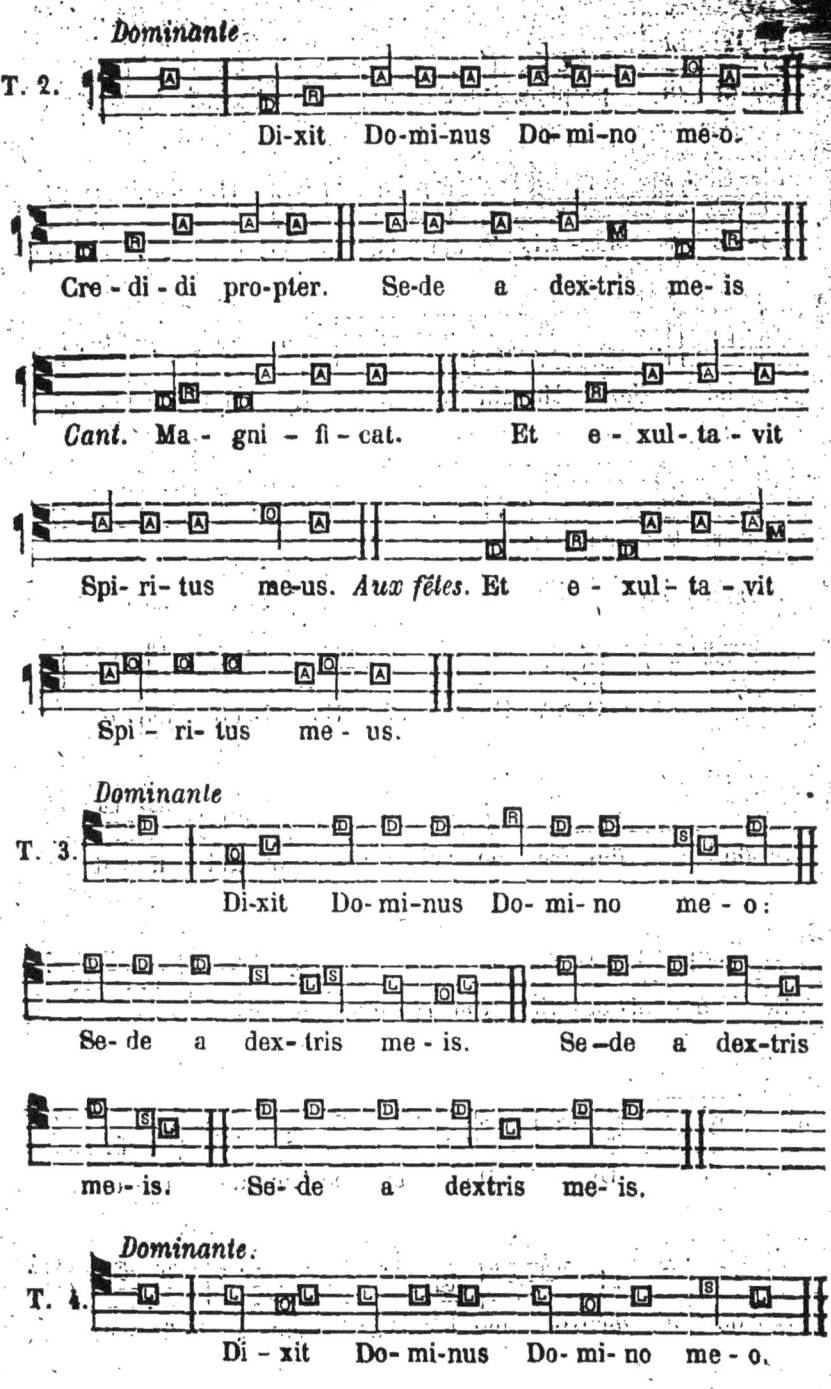

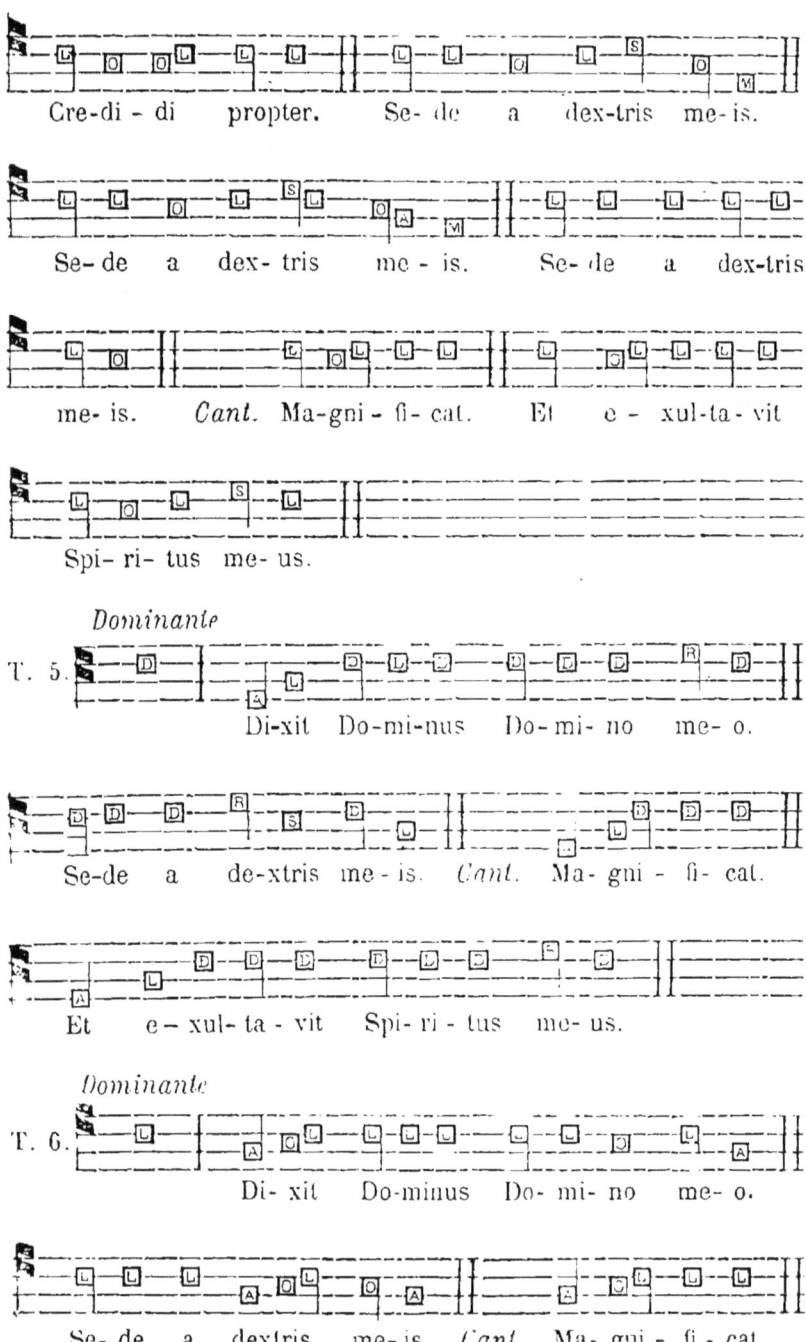

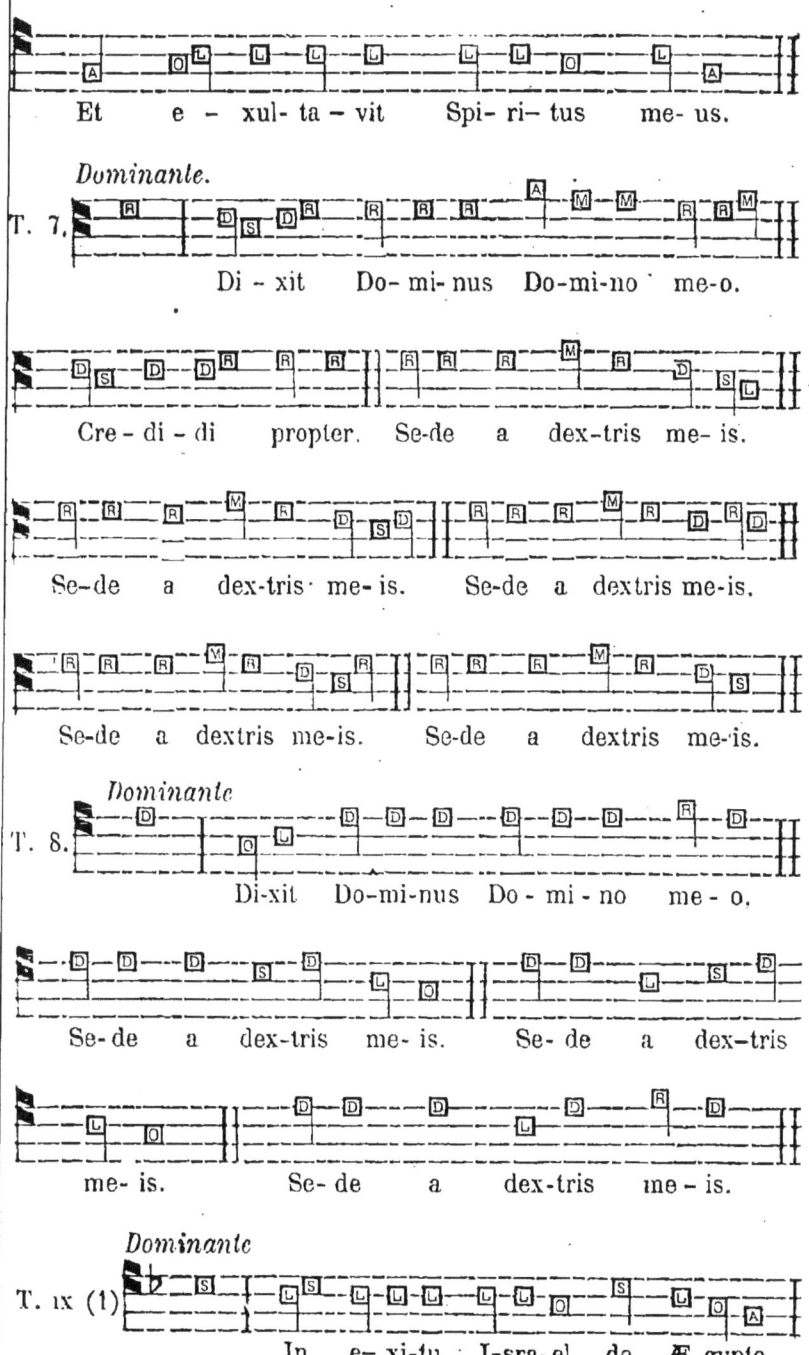

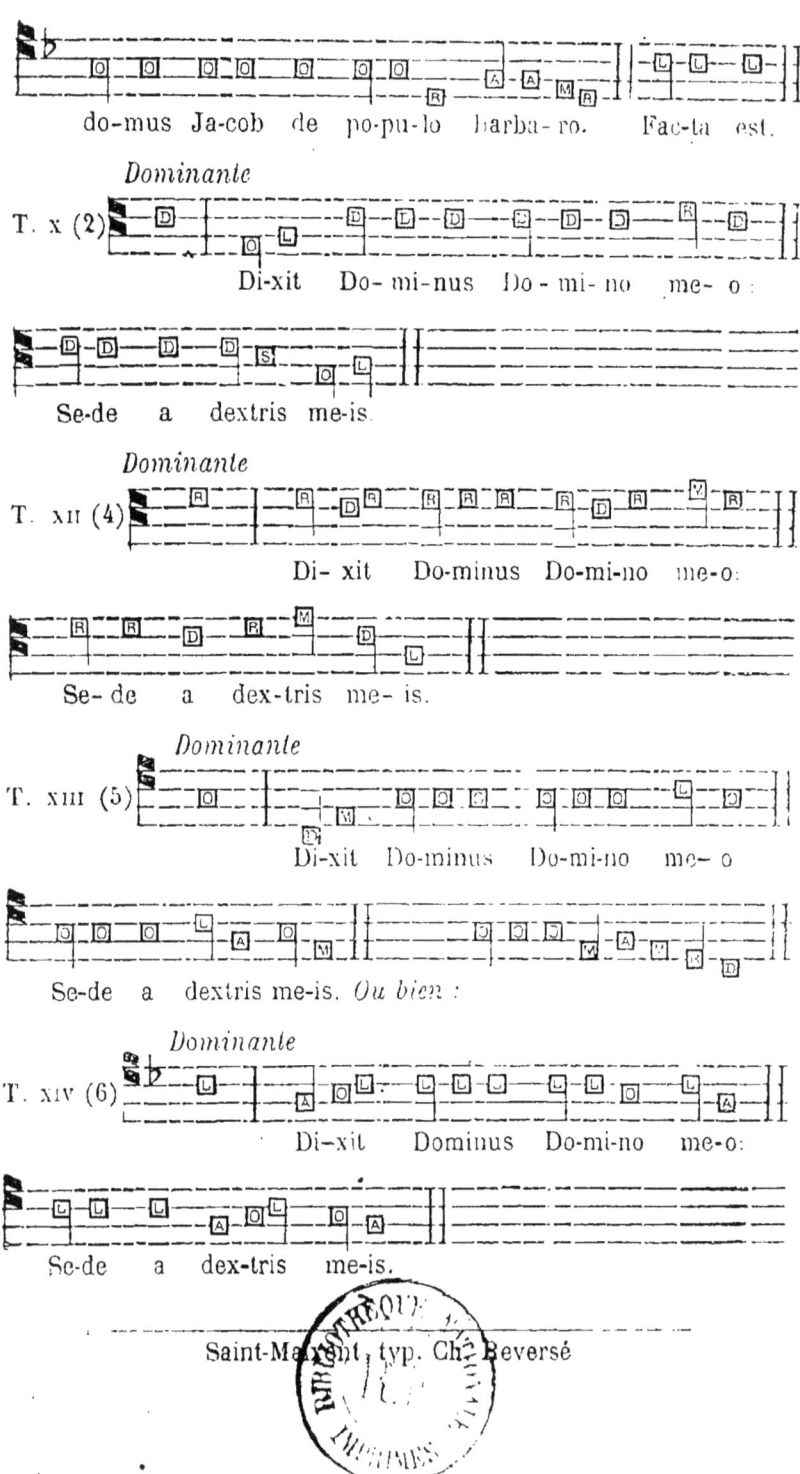

A LA MÊME LIBRAIRIE
BIBLIOTHÈQUE DE LA JEUNESSE

SOLFÈGE

POUR FORMER LA VOIX DES ENFANTS

Un vol. in-12, cartonné, 60 c.; la douzaine, franco 6 fr.

PAROISSIEN ROMAIN NOTÉ

Un beau vol. in-18, relié, 1 fr. 75 c.; la douzaine, 18 fr.

Le même, tranche dorée, 2 fr.

(Indiquer quel chant on suit, on a fait des tirages spéciaux).

CHOIX DE CANTIQUES

Pour les Catéchismes, la Première Communion, le Carême, etc.

Un vol. in-18, 60 c.; la douzaine, 6 fr.

L'ABEILLE HARMONIEUSE

32 cantiques à Marie, 60 c.; la douzaine, 6 fr.

MAGNIFICAT, LAUDATE PUERI, TANTUM ERGO

Airs gais, chants très-faciles, à la portée de toutes les paroisses

Une belle brochure in-8°, 60 c.; la douzaine, 6 fr.

L'ENFANT DE CHŒUR ORGANISTE EN HUIT JOURS

Brochure in-18, 75 c.

LA LYRE DU SANCTUAIRE

Très-beaux motets, brochure in-8°, 1 fr. 75.

On expédie franco contre un bon de poste :

Fre ACHILLE, A SAINT SAUVEUR-LENDELIN (MANCHE)

Saint-Maixent, typographie Ch. REVERSÉ.

www.ingramcontent.com/pod-product-compliance
Lightning Source LLC
Chambersburg PA
CBHW061010050426
42453CB00009B/1348